Sieglinde Holl

Nostalgischer Christbaumschmuck

Frech-Verlag Stuttgart

Vorlage für Seite 6

Vorlage für Seite 15 und 47

Fotos: Claus Iden

Materialangaben und Arbeitshinweise in diesem Buch wurden von der Autorin und den Mitarbeitern des Verlags sorgfältig geprüft. Eine Garantie wird jedoch nicht übernommen. Autorin und Verlag können für eventuell auftretende Fehler oder Schäden nicht haftbar gemacht werden. Für eine Verbreitung des Werkes durch Film, Funk und Fernsehen, Fotokopien oder Videoaufzeichnungen, sowie für eine gewerbliche Nutzung der gezeigten Modelle, ist eine Genehmigung oder Lizenz des Verlags erforderlich. Das Werk ist urheberrechtlich geschützt nach § 54 Abs. 1 und 2 UrhG.

Auflage: 5. 4. 3. 2. 1. | Letzte Zahlen
Jahr: 1996 95 94 93 92 | maßgebend

© 1992

frech-verlag

ISBN 3-7724-1569-5 · Best.-Nr. 1569   GmbH+Co. Druck KG Stuttgart · Druck: Frech, Stuttgart 31

Baumschmuck romantisch, nostalgisch

Der Baumschmuck blickt auf eine lange Geschichte zurück. Auf Antiquitätenmessen können wir noch heute den Baumschmuck unserer Großmütter und Urgroßmütter bewundern. Schon im letzten Drittel des 19. Jahrhunderts wurde Glasschmuck angefertigt, oft mit Gelatinefarben bemalt und mit leonischen Drähten umsponnen. Um die Jahrhundertwende erfreute sich Baumschmuck aus Glasröhrchen und Fischperlen großer Beliebtheit. Einige Jahre später wurden die Bäume ganz in Weiß geschmückt, ab 1910 war alles wieder bunt. In den 20er Jahren kam Glimmer auf, und manche können sich sicherlich noch an den glitzernden Baumschmuck der 50er Jahre erinnern. Heute können Sie den Baum nach Ihrem Geschmack schmücken. Ganz individuell ist der selbst hergestellte Baumschmuck.
Dieses Buch möchte Sie anregen, den alten Baumschmuck mit seinen liebevollen Details nachzugestalten. Ob Sie nun eine ganz neue Ausstattung oder jedes Jahr einige Modelle dazugestalten, bleibt Ihnen überlassen. Wichtig ist die Freude, wenn Sie in der Vorweihnachtszeit mit Ihrer Familie zusammensitzen und gemeinsam Ihren eigenen Baumschmuck fertigen.

Viel Spaß wünscht Ihnen
Ihre
Sieglinde Holl

Päckchen aus Gotikpapier

Gotikpapier, rot
Kleister
Steckschaum
Goldfaden
Goldband, 5 mm breit
Metallrose, gold
Brokatröschen
Farn
Goldperle
Metallsternchen
Glimmer, gold
Klarlack

Schneiden Sie aus Steckschaum einen Block in der Größe 6 cm x 6 cm x 4 cm zu. Aus dem Gotikpapier schneiden Sie ein Quadrat in den Maßen 25 cm x 25 cm aus, bestreichen es mit Kleister und wickeln den Block damit ein. Sie können das Gotikpapier dabei leicht knautschen. Lassen Sie den mit Papier eingepackten Block über Nacht trocknen.
Binden Sie das Goldband um das Päckchen und befestigen Sie darauf eine Schleife. Brokatröschen, Perle und Farn werden auf die Schleife geklebt.
An dem Goldband als Aufhängung einen Goldfaden befestigen. Sprühen Sie etwas Klarlack auf das Päckchen und streuen Sie Glimmer und Sternchen auf den noch feuchten Lack.

Kugel, lila

Papierkordel, lila, Kleister
Styroporkugel, 8 cm ⌀
Goldfaden
Goldband, 10 mm breit
Goldlitze, Brokatrosen
Brokatblätter, Steckdraht
Blütenstempel, gold
Perlkette, gold, Goldsterne
Klarlack
Goldfilter

Eine Öse aus Steckdraht in die Kugel stecken. Die Papierkordel aufdrehen und um die Kugel kleben. Einen Goldfaden durch die Öse ziehen und die Kugel daran aufhängen. Die Goldlitze um die Kugel fixieren. Aus dem Goldband eine Schleife binden. Die Schleife zusammen mit den Brokatrosen, Blütenstempel, Perlkette und Blättern auf die Kugel kleben. Die Kugel mit Klarlack besprühen und auf den noch feuchten Lack Goldflitter und Goldsterne streuen.

Herz, gold

Plakatkarton
Goldspray
Goldfaden
Brokatlitze, gold
Perlring
Flitter, gold
Metallsterne, gold
Diorrose, gold
Spanschachtel, herzförmig, 3 cm ⌀
Nostalgieengel
Klebstoff

Aus Plakatkarton nach Zeichnung zwei Herzen ausschneiden. Spanschachtel und Herzen mit Goldspray besprühen. Auf den noch feuchten Lack Flitter und Metallsternchen streuen. Über Nacht trocknen lassen.
Deckel oder Boden der Spanschachtel zwischen die beiden Herzen legen und festkleben, dazu den Goldfaden als Aufhängung. Den Rand auf jeder Seite mit Brokatlitze bekleben. Über die Aufhängung den Perlring schieben. Die Diorrose und das Nostalgiebild fixieren.

Kugel mit Goldschnur

Styroporkugel, 7 cm ⌀
Goldfaden
Goldband, 5 mm breit
Goldkordel
Tulpe, gold
Kettelstift, Kettelzange
Perlkette, gold
Gitterband, Seide
Brokatrosen
Basteldraht
Klebstoff

Um die Styroporkugel Seide und Gitterband spannen. Beides mit Draht zusammenbinden und mit einer Tulpe überkleben. Durch die Tulpe den Kettelstift führen und mit einer Kettelzange eine Öse formen. Die Goldschnur durch die Öse ziehen. Vier Goldkordeln um die Kugel herum festkleben. Achten Sie darauf, daß die Zwischenräume gleich groß sind. Um die Tulpe die Perlkette befestigen. Aus dem Goldband eine Schleife fertigen und mit den Brokatrosen an der Aufhängung festkleben.

Spanschachtel, silber

Spanschachtel, oval,
5,5 cm lang x 4 cm breit
Ilex, silber
Vergißmeinnicht, silber
Brokatband, 6 mm breit, silber
Nostalgiebild, Quaste
Silberfaden, Klebstoff
Brokatlitze, silber
Zackenlitze, silber
Silberspray

Die Spanschachtel silber besprühen. Das Nostalgiebild auf die Schachtel aufziehen. Den Silberfaden als Aufhängung auf den Deckelrand kleben. Die Zackenlitze genau auf den Rand des Deckels kleben. Die Brokatlitze um den Deckelrand herum befestigen. Eine kleine Schleife binden, mit Ilex, Blüte und Quaste ausschmücken und am unteren Teil der Spanschachtel fixieren.

Spitzenengel

Nostalgieanhänger
Spitze, beige, 55 mm breit
Goldfaden
Tulpe, filigran
Golddraht
Perlaufnahme, gold
Diorrose, gold
Manschette, gold, 10 cm ⌀
Klebstoff

Die Spitze oben und unten mit Golddraht abbinden. In die Mitte der Spitze den Nostalgieanhänger kleben. Am unteren Teil der Spitze die Perlaufnahme über dem Abgebundenen befestigen; am oberen Teil einen Goldfaden als Aufhängung festbinden und darüber eine filigrane Tulpe stülpen. Auf dem Kopf des Engels eine Diorrose fixieren. Das Nostalgiebild mit der Spitze auf der goldenen Manschette festkleben.

Quaste
(Abbildung Seite 11)

Quasten, burgund
Goldfaden
Brokatlitze, gold
Zierperle, 25 mm ⌀
Goldring
Schmuckteil
Goldperle, Goldlitze
Klebstoff

Jede Quaste oben mit Goldfaden umwickeln. Auf die beiden langen Enden der Goldfäden die Zierperle, Goldring, Schmuckteil und Goldperle auffädeln. Unterhalb der Zierperle die Brokatlitze um die beiden Quasten herumkleben. Die beiden Goldfäden über der letzten Perle zusammenknoten und darüber eine schmale Litze befestigen. Die beiden Goldfäden als Aufhängung zusammenbinden.

Nostalgiekugel
(Abbildung Seite 12)

Glaskugel, altgold
Goldfaden
Goldlitze
Spitze, weiß
Wachsperlen, 6 mm ⌀
Goldperlen, 6 mm ⌀
Bouillon, gold
Flitter, gold
Klarlackspray
Perlonfaden, Klebstoff

Die Glaskugel am Goldfaden aufhängen. Die Kugel mit Klarlack besprühen und auf den noch feuchten Lack Flitter streuen. Um die Kugel herum die Spitze, darüber in zwei Reihen die Goldlitze kleben. Dreizehn Wachsperlen auf einen Perlonfaden fädeln, zu einem Kreis zusammenbinden und um die Aufhängung der Glaskugel kleben.
Auf die gleiche Weise fünf Kreise aus je sechs Wachsperlen anfertigen. Vier Kreise in gleichmäßigen Abständen auf die Goldlitze kleben und in jeden Kreis eine Goldperle einsetzen. Den fünften Kreis an der Kugelunterseite fixieren und ebenfalls in die Mitte des Kreises eine Goldperle einsetzen. Das ausgezogene Bouillon um Kugel und Perlringe spannen. Das Ende des Bouillondrahtes mit Klebstoff fixieren.

Zapfen, gold
(Abbildung Seite 13)

Kiefernzapfen
Goldspray
Goldperlen
Tulpe, gold
Kettelstift
Kettelzange
Goldfaden
Glimmer, gold
Perlkette, gold
Klebstoff

Den Zapfen mit Goldspray besprühen. Auf die noch feuchte Farbe den Goldglimmer streuen und über Nacht trocknen lassen. Die Tulpe mit einer Öse versehen. Durch die Tulpe den Kettelstift führen und mit einer Kettelzange eine Öse formen. Durch diese Öse den Goldfaden ziehen, daran den Zapfen aufhängen. Um die Tulpe herum die Perlkette kleben. Auf die Zapfenschuppen Goldperlen kleben.

Kugel, gold

Plastikkugel, teilbar, 8 cm ⌀
Goldfaden
Goldlitze
Goldschnur mit Drahteinlage
Wachsperlen, 8 mm ⌀
Flitter, gold
Bouillon, gold
Facettensteine
Fimolack
Golddraht
Perlonfaden
Klebstoff

Die Innenseite der Kugelhälften mit Fimolack bestreichen. Auf den noch feuchten Lack Flitter streuen. Die Kugel schließen, diese schütteln, so daß der Flitter überall haften bleibt. Vier Abschnitte der Litze um die Kugel herumkleben, so daß diese in gleich große Felder eingeteilt ist. Befestigen Sie den Anfang der Litze mit Klebstoff an der Kugeloberseite, führen diese zur Kugelunterseite, tragen dort wieder Klebstoff auf, führen die Litze wieder zur Kugeloberseite und kleben dort das Ende der Litze fest. Wiederholen Sie das noch weitere drei Male. Wenn die Litze nicht gleich ganz auf der Kugel befestigt ist, können zum Schluß die Felder noch in der Größe ausgeglichen werden. In die Mitte jedes Feldes einen Facettenstein kleben. Die Kugel an dem Goldfaden aufhängen. Die Goldschnur mit Drahteinlage um einen Füllfederhalter wickeln. So bekommen Sie eine gleichmäßige Spirale, die Sie zu einem Kreis formen und mit Draht zusammenbinden. Befestigen Sie diesen Kreis mit Klebstoff auf der Kugeloberseite. Fünf Wachsperlen auf einen Perlonfaden auffädeln und zu einem Ring zusammenbinden.

Diesen Ring kleben Sie in den Kreis aus Goldschnur mit Drahteinlage. Umspannen Sie das ausgezogene Bouillon um die Kugel. Das Ende des Bouillondrahtes mit Klebstoff fixieren.

Glocke, lila

Papierkordel, lila
Kleister
Styroporglocke
Goldfaden
Goldband, 5 mm breit
Goldlitze
Brokatrosen
Brokatblätter
Blütenstempel, gold
Perlkette, gold
Klarlack
Goldflitter
Goldsterne, Steckdraht

Aus Steckdraht ein U formen. Die beiden Enden mit Klebstoff bestreichen und in die Glocke stecken, so daß eine Öse entsteht. Die Papierkordel aufdrehen, mit Kleister bestreichen und um die Glocke kleben. Einen Goldfaden durch die Öse ziehen und die Glocke daran aufhängen. Die Goldlitze auf den Glockenrand kleben. Aus dem Goldband eine Schleife binden. Die Schleife zusammen mit den Brokatrosen, Blütenstempel, Perlkette und Blättern auf der Glocke befestigen. Die Glocke mit Klarlack besprühen und auf den noch feuchten Lack Goldflitter und Goldsterne streuen.

Kugel, silber-lila

Plastikkugel, teilbar, 8 cm ⌀
Dekoband, 3 mm breit
Litze, lila
Silberschnur mit Drahteinlage
Diorrose, silber
Flitter, bunt
Fimolack
Golddraht
Klebstoff

Die Innenseite der Kugelhälften mit Fimolack bestreichen. Auf den noch feuchten Lack Flitter streuen. Die Kugel schließen, diese schütteln, so daß der Flitter überall haften bleibt. Vier Abschnitte der Litze um die Kugel herumkleben, so daß diese in gleich große Felder eingeteilt ist: Befestigen Sie den Anfang der Litze mit Klebstoff an der Kugeloberseite, führen diese zur Kugelunterseite, tragen dort wieder Klebstoff auf, führen die Litze wieder zur Kugeloberseite und kleben dort das Ende der Litze fest. Wiederholen Sie das noch weitere drei Male. Die Kugel an dem Dekoband aufhängen. Die Silberschnur mit Drahteinlage um einen Füllfederhalter wickeln. So bekommen Sie eine gleichmäßige Spirale, die Sie zu einem Kreis formen und mit Draht zusammenbinden. Kleben Sie diesen Kreis auf die Kugel. Zwischen den Ringen der Spirale jeweils eine Diorrose mit Klebstoff befestigen.

Kugel, silber-gold

Plastikkugel, teilbar, 8 cm ⌀
Goldfaden
Dekoband, silber, 3 mm breit
Borte, silber-gold
Zackenlitze, silber
Diorrose, gold
Flitter, gold
Fimolack
Klebstoff

Die Außenseiten der Kugelhälften mit Fimolack bestreichen und auf den noch feuchten Lack goldenen Flitter streuen. Auf den Verschluß der Kugel die Borte kleben. Rechts und links der Borte eine Silberlitze mit Zacken fixieren. Die Kugel am Goldfaden aufhängen. Fertigen Sie aus dem Dekoband zwei kleine Schleifen, die Sie mit den Diorrosen auf die Kugel kleben.

Spitzenring, gold

2 Plastikringe, weiß, 42 mm ⌀
Goldband, 5 mm breit
Goldlitze
Brokatspitze, gold
Diorrose, gold
Bouillon, gold
Goldfaden
Klebstoff

Zuerst jeden Plastikring mit Goldband umwickeln. Danach den ausgezogenen Bouillon sternförmig um jeden Ring wickeln. Die Brokatspitze mit Heftstichen einkräuseln und zwischen den beiden Ringen mit Klebstoff befestigen. Ein Stück Goldfaden als Aufhängung dazu kleben. Aus dem Goldband eine Schleife binden und mit der Diorrose an der Aufhängung festkleben.

Manschettenquaste
(Abbildung Seite 19)

Wachsperlen, 16 mm ⌀, 12 mm ⌀
Quaste, gold
Goldscheiben
Goldperle
Plastikblüte, gold
Papiermanschetten, gold, 5 cm ⌀
Perlonfaden

Die Quaste an einem Perlonfaden befestigen. Die beiden Enden des Perlonfadens durch Manschette, Goldscheibe und Wachsperle (16 mm ⌀) führen. Den Vorgang zweimal wiederholen, dabei die Wachsperlen mit 12 mm ⌀ verwenden. Zum Schluß Goldperle und Plastikblüte auffädeln, den Perlonfaden über der Plastikblüte zusammenknoten.

Notenblatt

Notenblatt
Klebefolie, Velour, burgund
Litze, burgund
Satinband, burgund, 3 mm breit
Plastikengel
Goldfaden
Klebstoff

Schneiden Sie ein Notenblatt in der Größe 9 cm x 9 cm zu. Kleben Sie die Rückseite des Notenblattes auf die Klebefolie. Kleben Sie die Litze vorne um den Rand des Notenblattes und hinten um den Rand der Klebefolie. Befestigen Sie an der vorderen Litze das Satinband als Aufhängung. Darüber fixieren Sie eine kleine Schleife aus Satinband und Goldfaden. Auf der Schleife den Engel befestigen.

Notenblattfächer

Notenblatt, 14 cm x 14 cm
Bastelfolie, rot
Satinband, 3 mm breit
Litze, gold-rot
Diorrose, rot
Ilexbeeren, rot
verschiedene Beeren
Stoffblätter, grün
Farn, Klebstoff

Kleben Sie die Rückseite des Notenblattes auf die Bastelfolie. Kleben Sie die Litze auf den unteren Rand, in die Mitte und auf den oberen Rand des Notenblattes. Falten Sie es wie eine Ziehharmonika, Faltbreite 1,5 cm. Oben zusammenkleben. Das Satinband als Aufhängung um die zusammengeklebten Falten binden. Binden Sie eine einfache Schleife. Befestigen Sie die Schleife mit Diorrose, Blättern und Beeren oben am Fächer.

Apfel aus Gotikpapier

Gotikpapier, rot
Kleister
Dekoapfel
Goldfaden
Dekoband, 5 mm breit
Diorrose, rot
Ilexbeeren, rot
Stoffblätter, grün
Perlkette, gold
Farn

Aus dem Gotikpapier schneiden Sie einen Kreis im Durchmesser von ca. 20 cm aus. Das Papier mit Kleister einstreichen und den Dekoapfel damit einwickeln. Den Dekoapfel am Goldfaden aufhängen. Eine kleine Schleife binden, die Sie mit Diorrose, Ilex, Blättern und Farn auf dem Apfel befestigen. Statt eines Dekoapfels kann auch eine Styroporkugel verwendet werden. Doch bevor Sie diese mit Gotikpapier einwickeln, formen Sie aus Steckdraht einen Aufhänger. Biegen Sie den Draht zu einem U. Die beiden Enden mit Klebstoff bestreichen und in die Kugel stecken, so daß ein Aufhänger entsteht.

Schleife, dekoriert

Dekoband mit Drahteinlage
Brokatrosen
Goldschnur
Goldfaden
Golddraht
Perlaufnahme, gold
Flitter, gold
Acrylanhänger
Fimolack
Klebstoff

Aus Dekoband eine Schleife fertigen. Um den Knoten der Schleife straff Golddraht wickeln. Den Acrylanhänger mit Fimolack bestreichen und auf den noch feuchten Lack Flitter streuen. Den Acrylanhänger an dem Goldfaden aufhängen und in der Schleife festbinden. Die Goldschnur als Aufhängung an der Schleifenmitte befestigen. Die Bandenden der Schleife mit Golddraht abbinden und die Perlaufnahme befestigen. Drei Brokatrosen in die Mitte kleben.

Perlring, silber

Wachsperlen, 25 mm ⌀
Silberscheiben
Silberkugel
Schmuckspirale, silber
Silberfaden
Perlonfaden

Drücken Sie zuerst jede der drei Wachsperlen in eine Schmuckspirale. Dann fädeln Sie Wachsperle, Silberscheibe, Silberperle und wieder eine Silberscheibe auf den Perlonfaden. Wiederholen Sie den Vorgang zweimal. Den Perlonfaden zum Kreis zusammenknoten. Binden Sie als Aufhängung ein Stück Silberfaden in der Schmuckspirale fest und ziehen Sie eine Silberperle darauf.

Maske, silber
(Abbildung Seite 25)

Gießform
Gießmasse
Silberspray
Wachsperlen
Perlringe
Perlfaden
Ilex, silber
Silberfaden
Diorrose, silber
Blütenstempel, silber
Straßsteine
Zackenlitze, silber
Quaste, silber
Manschette, silber, 10 cm ⌀
Klebstoff

Mit der Gießmasse gießen Sie die Maskenform aus, lassen diese über Nacht trocknen. Die Maske am nächsten Tag mit Silberspray besprühen. Die Manschette in der Mitte über Kreuz einschneiden. Die Maske zusammen mit dem Silberfaden als Aufhänger auf die Manschette kleben. Die Zackenlitze um den Kopf befestigen. Am rechten Ende der Zackenlitze die Quaste festkleben, am linken Ende Blüten und Blütenstempel. Die Wachsperlen und Perlfäden zwischen die Blüten und Blütenstempel kleben. Den Perlring als Krone anbringen und die Straßsteine auf die Brokatlitze kleben.

Perlring mit Quaste
(Abbildung Seite 27)

Wachsperlen, 14 mm ⌀
Goldperle, 8 mm ⌀
Schmuckspirale, gold
Goldfaden
Quaste, gold
Perlonfaden, Klebstoff

Zuerst drücken Sie jede der fünf Wachsperlen in eine Schmuckspirale. Dann fädeln Sie die Quaste auf den Perlonfaden. Mit dem einen Ende des Perlonfadens fädeln Sie dann die fünf Wachsperlen auf und knoten die beiden Enden zum Kreis zusammen. Den Goldfaden als Aufhängung an der Schmuckspirale gegenüber der Quaste befestigen und darauf eine Goldperle ziehen. In die Mitte des Kreises eine Wachsperle kleben.

Schleifenschmuck
(Abbildung Seite 28)

Dekoband mit Drahteinlage
Goldband, 5 mm breit
Goldfaden, Golddraht
Perlaufnahme, gold
Wachsperlen, 8 mm ⌀
Goldperle
Tulpe, filigran
Klebstoff

Aus dem Dekoband eine Schleife fertigen. Um den Knoten der Schleife straff Golddraht wickeln. Den Goldfaden als Aufhängung an der Schleifenmitte befestigen. Mit den Goldfäden eine Goldperle, eine Wachsperle und eine filigrane Tulpe auffädeln, dann die Goldfäden oben zusammenbinden. Aus dem Goldband eine doppelte Schleife fertigen. Die Schleife mit dem Goldfaden so an der Dekoschleife befestigen, daß vier Enden des Goldfadens herabhängen. Auf diese fädeln Sie in unterschiedlicher Höhe die Wachsperlen auf. Über die jeweils letzte Wachsperle kleben Sie die Perlaufnahme.

Kugel mit Spitze
(Abbildung Seite 29)

Spitze, weiß, 10 cm breit
Kleister
Plastikkugel, teilbar, 8 cm ⌀
Goldfaden
Silberband, 6 mm breit
Silberlitze
Diorrose, silber
Blütenstempel, silber
Blüten mit Straßsteinen

Die Kugel an dem Silberfaden aufhängen, mit Kleister bestreichen und mit der Spitze bekleben. Die Blüten mit Straßsteinen gleichmäßig über die Kugel verteilt aufkleben. Aus dem Silberband zwei Schleifen und aus der Litze eine Schleife binden und an der Aufhängung befestigen. Diorrose und Blütenstempel in der Mitte der Schleifen befestigen.

Kugel, silber

Plastikkugel, teilbar, 8 cm ⌀
Silberfaden
Silberband, 6 mm breit
Silberlitze, mit geradem Rand
Zackenlitze, silber
Diorrose, silber
Blütenstempel, weiß und silber
Wachsperlen, 4 mm ⌀
Blüte, irisierend
Flitter, silber
Perlkette, weiß
Nostalgiebild
Fimolack
Klebstoff

Das Nostalgiebild auf der Innenseite der Kugelhälfte festkleben. Dabei darauf achten, daß das Nostalgiebild von außen zu sehen ist. Das Bild antrocknen lassen und mit Fimolack bestreichen. Auf den noch feuchten Lack Flitter streuen. Auch die andere Kugelhälfte mit Lack bestreichen und mit Flitter bestreuen. Schließen Sie die Kugel und schütteln Sie diese, so daß der Flitter überall haften bleibt. Sind noch freie Flächen vorhanden, so bestreichen Sie diese nochmals mit Lack und streuen Flitter darauf. Auf den Verschluß der Kugel kleben Sie die Litze, in die Mitte die Litze mit geradem Rand, rechts und links davon die Zackenlitze. Hängen Sie die Kugel an dem Silberfaden auf. Binden Sie je eine Schleife aus Silberband, Perlband und aus Litze. Die Schleifen zusammen mit den Blüten und den Blütenstempeln an der Aufhängung festkleben. Die Wachsperlen auf den Stengeln der Blütenstempel auffädeln.

Maske, gold

Gießform, Gießmasse
Goldspray, Goldperlen
Ilex, gold
Blütenstempel, gold und rosa
Goldfaden, Seidenblüten
Perlkette, gold
Brokatlitze
Quaste, gold
Manschette, gold, 8 cm ⌀
Klebstoff

Mit der Gießmasse gießen Sie die Maskenform aus. Die Maske am nächsten Tag mit Goldspray besprühen. Die Manschette in der Mitte über Kreuz einschneiden. Die Maske zusammen mit dem Goldfaden als Aufhänger auf der Manschette fixieren. Zackenlitze und Perlkette um den Kopf befestigen. Am rechten Ende der Litze die Quaste, am linken Ende Blüten und Blütenstempel ankleben. Die Goldperlen auf die Stengel der Blütenstempel auffädeln.

Herz, silber

Plakatkarton
Silberspray
Dekoband, 3 mm breit
Brokatlitze, silber
Schmuckteile, silber
Flitter, bunt
Metallsterne, pink und silber
Blütenstempel, silber
Spanschachtel, herzförmig, 3 cm ⌀
Diorrose, silber
Vergißmeinnicht, silber
Klebstoff

Aus Plakatkarton nach Zeichnung zwei Herzen ausschneiden. Spanschachtel und Herzen mit Silberspray besprühen. Auf den noch feuchten Lack Flitter und Metallsternchen streuen. Über Nacht trocknen lassen. Deckel oder Boden der Spanschachtel zwischen die beiden Herzen legen und festkleben, dazu das Dekoband als Aufhängung. Den Rand auf jeder Seite mit Brokatlitze bekleben. Über die Aufhängung die Schmuckteile schieben. Blüten oder Blütenstempel in die Herzmitte auf jeder Seite kleben.

Säckchen aus Gotikpapier
(Abbildung Seite 33)

Gotikpapier, rot, Kleister
Stopfwatte
Goldfaden
Goldband, 5 mm breit
Diorrose, rot
Ilexbeeren, rot
Eukalyptuszapfen, mini, gold
Perlkette, gold
Farn
Klarlack
Streuflitter, gold

Aus dem Gotikpapier schneiden Sie ein Rechteck, 14 cm x 12 cm, zu. Bestreichen Sie den seitlichen und unteren Rand mit Kleister und kleben Sie den Zuschnitt als Säckchen zusammen. Das Säckchen mit Stopfwatte füllen und mit Goldfaden oben zusammenbinden. Auf dem Goldfaden eine kleine Schleife, Diorrose, Farn, Ilex, Perlkette und Eukalyptuszapfen fixieren. Sie sprühen etwas Klarlack auf das Säckchen und streuen etwas Flitter auf den noch feuchten Lack.

Perlstern

Wachsperlen, 8 mm ⌀, 6 mm ⌀, 4 mm ⌀
Goldperlen, 5 mm ⌀, 3 mm ⌀
Perlringe, gold
Stecknadeln
Pailletten, gold
Moosgummischeibe
Brokatlitze, gold
Bouillon, gold
Goldfaden
Klebstoff

Fädeln Sie Perlen und Perlringe auf die Stecknadeln, und zwar in der Reihenfolge: Goldperle, Wachsperle, Goldperle, Wachsperle, Perlring, Wachsperle. Dabei mit den kleinsten Perlen beginnen. Zum Schluß fädeln Sie noch eine Paillette auf jede Stecknadel und geben auf die Unterseite etwas Klebstoff. Stecken Sie die Stecknadeln in gleichmäßigen Abständen in die Moosgummischeibe. Fädeln Sie fünf Wachsper-

len mit 4 mm ⌀ auf einen Perlonfaden und knoten diese zu einem Ring zusammen. Fertigen Sie noch einen weiteren Ring an und kleben einen vorne und einen hinten auf die Moosgummischeibe. Die Brokatlitze kräuseln Sie mit Heftstiften ein und kleben diese um die Perlringe. Den ausgezogenen Bouillon spannen Sie im Kreis von einer Perle zur anderen. Nach jeder Runde gehen Sie eine Perle tiefer, bis Sie unten an der Moosgummischeibe angelangt sind. Dort verkleben Sie den Bouillon und wickeln ihn dann abschließend sternförmig um den gespannten Bouillon. An der Brokatlitze den Goldfaden als Aufhängung befestigen.

Spitzenrosette

Spitze, 5 cm breit
Schmuckteil, silber
Perlringe
Silberfaden
Wachsperlentropfen
Perlfäden
Nähseide
Klebstoff

Das Spitzenband mit Heftstichen einkräuseln und zu einer Rosette zusammenbinden. Auf die Vorder- und Rückseite der Rosette ein quadratisches Schmuckteil aufkleben. In die Mitte einen Perlring kleben. Den Wachstropfen an ein Schmuckteil hängen. Durch die beiden Schmuckteile oben den Silberfaden als Aufhängung fädeln. An den beiden Enden zusammenknoten, einen Perlring auffädeln, diesen mit etwas Klebstoff fixieren. In jede Falte der Rosette einen Perlfaden fixieren.

Glocke, bunt

Plakatkarton
Silberspray
Dekoband, 3 mm breit
Brokatlitze, silber
Tulpen, filigran
Flitter, bunt
Metallsterne, pink
Klebstoff

Aus Plakatkarton nach Zeichnung zwei Glocken ausschneiden. Mit Silberspray besprühen, auf den noch feuchten Lack Flitter und Metallsternchen streuen. Über Nacht trocknen lassen. Die beiden Glocken mit dem Dekoband als Aufhängung zusammenkleben. Den Rand auf jeder Seite mit Brokatlitze bekleben. Über die Aufhängung die Tulpe schieben.

Spanschachtel, dekoriert

*Spanschachtel, oval,
5,5 cm lang x 4 cm breit
Ilex, rot
Eukalyptus, gold
Goldblätter, Goldspray
Perlkette, gold; Brokatlitze, gold-rot
Satinband, rot, 3 mm breit
Seidenkordel, rot; Zackenlitze, rot*

Die Spanschachtel mit Goldspray besprühen. Die Brokatlitze genau auf den Rand des Deckels kleben. Direkt unter der Brokatlitze die Seidenkordel festkleben. Danach die Zackenlitze seitlich um den Deckelrand befestigen. Das Satinband als Aufhängung auf dem Deckel fixieren. Eine kleine Schleife binden und mit Ilex, Eukalyptus, Perlkette und Goldblättern an der Aufhängung befestigen.

Lamettaengel

Antikbildanhänger
Goldfaden
Tulpe, filigran
Lametta, gold
Goldband, 16 mm breit
Diorrose, gold
Perlkette, gold
Engelflügel, gold
Klebstoff

Das Lametta auf die Flügelmitte legen und mit dem Goldfaden am Flügel festbinden. Darauf eine Schleife aus Goldband fixieren. Drei Diorrosen zusammen mit der Perlkette auf die Schleifenmitte kleben. Die Flügel auf dem Antikbildanhänger mit Klebstoff befestigen. Am Goldfaden aufhängen und auf den Goldfaden eine filigrane Tulpe fädeln.

Perlquaste

Wachsperlen, 25 mm ⌀, 16 mm ⌀, 12 mm ⌀
Quaste, gold
Goldscheibe
Goldperle, flach und rund
Perlonfaden

Die Quaste an einem Perlonfaden befestigen. Die beiden Enden des Perlonfadens durch Wachsperle (25 mm ⌀), Goldscheibe, Wachsperle (16 mm ⌀), flache Goldperle, Wachsperle (12 mm ⌀) und Goldperle führen. Den Perlonfaden oben zusammenknoten.

Nostalgischer Perlring

Wachsperlen, 8 mm ⌀
Silberscheiben
Wachsperlentropfen
Bouillon, silber
Nostalgiebild
Silberfaden
Perlonfaden
Klebstoff

Den Wachsperlentropfen auf den Perlonfaden fädeln. Mit dem einen Ende des Perlonfadens fädeln Sie dann abwechselnd Wachsperlen und Silberscheiben auf. Nach vierzehn Wachsperlen die beiden Enden des Perlonfadens zum Kreis zusammenbinden. Den Silberfaden als Aufhängung gegenüber vom Wachsperlentropfen befestigen. Den ausgezogenen Bouillon sternförmig um den Perlring wickeln. In die Mitte ein Nostalgiebild kleben.

Drei Notenrollen

Notenblätter
Kordel, rot, 1 mm breit
Ilex, rot
Musikinstrument
Golddraht
Diorrose, rot
Farn
Klebstoff

Fertigen Sie aus 14 cm x 14 cm großen Notenblättern drei Rollen an. Eine Rolle schneiden Sie 3 cm kürzer als die beiden anderen. Kleben Sie jede Rolle zusammen und binden Sie diese entsprechend der Abbildung in der Mitte mit der Kordel zusammen. Auf die Kordel kleben Sie Musikinstrument, Ilex, Farn und Diorrose. An den Enden der Kordel befestigen Sie mit Golddraht Ilex. Als Aufhängung wird ein Stück Kordel an der Abbindung befestigt und abgeknotet.

Perlenspirale

Wachsperle, 16 mm ⌀
Goldschnur mit Drahteinlage
Goldfaden
Bouillon
Golddraht

Die Goldschnur um einen Füllfederhalter wickeln und nach zwölf Rundungen mit Draht zu einem Ring zusammenbinden. In die Mitte des Ringes eine Wachsperle kleben. Den Perlenring mit Bouillon umspinnen. Den Goldfaden als Aufhängung einknoten.

Perlring

Wachsperlen, 16 mm ⌀
Goldscheiben
Bouillon
Goldfaden
Perlonfaden

Fädeln Sie abwechselnd Wachsperlen und Goldscheiben auf einen Perlonfaden auf und binden diese zum Kreis zusammen. Den Goldfaden als Aufhängung einknoten. Das ausgezogene Bouillon wickeln Sie sternförmig um den Perlring.

Notenrolle mit Glöckchen
(Abbildung links im Bild Seite 45)

Notenblätter
Satinband, rot, 3 mm breit
Goldfaden, Metallglocken
Ilex, rot
Farn
Klebstoff

Kleben Sie ein 14 cm x 14 cm großes Notenblatt als Rolle zusammen. Das Satinband befestigen Sie als Aufhängung auf die Rückseite der Rolle.Sie binden fünf Metallglocken mit Goldfaden zusammen und fixieren diese zusammen mit einer kleinen Satinschleife, Farn und Ilex auf die Notenrolle.

Notenbuch mit Instrumenten
(Abbildung rechts im Bild Seite 45)

Notenblätter, Musikinstrumente
Satinband, rot, 3 mm breit
Ilex, rot
Farn
Klebstoff

Falten Sie zwei 14 cm x 14 cm große Notenblätter in der Mitte und stecken Sie diese ineinander. Die Notenblätter festkleben. Ein weiteres 14 cm x 14 cm großes Notenblatt kleben Sie als Rolle zusammen. Diese Rolle fixieren Sie zusammen mit dem Satinband als Aufhängung diagonal auf die gefalteten Blätter. Binden Sie aus dem Satinband eine kleine Schleife und befestigen Sie diese mit Klebstoff auf der Rolle. In die Mitte der Schleife kleben Sie Ilex und etwas Farn. Die Musikinstrumente werden unterhalb der Verzierung auf der Rolle befestigt.

Zimtschmuck
(Abbildung Seite 46)

Zimtstangen
Nostalgiebild
Perlkette, gold
Golddraht
Goldband, 5 mm breit
Goldfaden
Metallsterne
Wachsperlen, 10 mm ⌀
Klebstoff

Die Zimtstangen mit Golddraht zusammenbinden. Im oberen Teil werden die Zimtstangen mit Goldband nochmals breit umwickelt, während sie im unteren Teil mit Goldfaden schmal umbunden werden. Das Nostalgiebild vorne aufkleben. Die Wachsperlen in Abständen auf dem Golddraht durch Knoten befestigen und um die Zimtstangen schlingen. Die Perlkette ebenfalls um die Zimtstangen schlingen und ihre Enden mit Klebstoff befestigen. Die Metallsterne ober- und unterhalb des Nostalgiebildes festkleben. Auf der Rückseite den Goldfaden als Aufhängung in dem Golddraht befestigen.

Glocke, silber

Plakatkarton
Silberspray
Dekoband, 3 mm breit
Perlkette, gold
Tulpen, filigran
Gitterband, gold
Metallblätter, gold
Klebstoff

Aus Plakatkarton zwei Glocken ausschneiden. Mit Silberspray besprühen. Das Gitterband auf der Vorderseite jeder Glocke befestigen. Die beiden Glocken mit dem Dekoband als Aufhängung zusammenkleben. Den Rand mit der Perlkette bekleben. Über die Aufhängung die Tulpe schieben. Unterhalb der Tulpe auf Vorder- und Rückseite ein Metallblatt fixieren.

Eine Auswahl weiterer Titel von Sieglinde Holl zum Thema „Floristik"

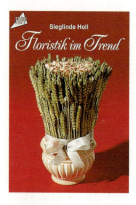 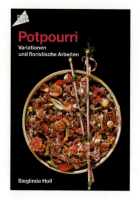 

Sieglinde Holl
Floristik im Trend
Kennen Sie schon die „neuen Senkrechten"? Getreide und Trockenblumen werden nun in Tongefäßen ausschließlich senkrecht gesteckt und sind überall ein toller Blickfang. Neben diesem Trend bleiben die Bindearbeiten, natürlich auch mit aktuellen Materialien.
48 Seiten, Farbfotos
TOPP 1448   ISBN 3-7724-1448-6

Sieglinde Holl
Potpourri. Variationen und floristische Arbeiten
Eine alte Tradition gelangt zu neuen Ehren. Die Mischungen aus getrockneten Naturmaterialien kann man kaufen oder selbst zusammenstellen. Der herrliche Geruch der arrangierten Schalen und Gestecke hält sich lange Zeit.
48 Seiten, viele Farbfotos
TOPP 1415   ISBN 3-7724-1415-X

Sieglinde Holl
Nostalgische Floristik
Antikes erfreut sich großer Beliebtheit, auch in der Floristik. Altrosa, antikgrün, kupfer und antikblau sind die wesentlichen Farben der romantischen Schalen, Kränze und Gestecke. Zusätzliche Varianten für Wandschmuck, Sträuße und Gestecke sorgen für Nostalgie.
48 S. mit vielen Farbfotos
TOPP 1579   ISBN 3-7724-1579-2

Stand 1992